Uebersicht

über die

Rechts- und Staatswissenschaften

(Encyklopädie)

von

Dr. jur. R. Stephan.
Kaiserlicher Regierungsrath und Privatdocent.

Grundriss zu Vorlesungen.

BERLIN SW48.
Wilhelmstrasse 119|120.
J. Guttentag, Verlagsbuchhandlung.
1896.

Einleitung. I. Buch. Allgemeine Rechtslehre.

Von dem Rechte überhaupt. Eintheilung des Rechts: subjektives und objektives Recht.

1 Kapitel: Das subjektive Recht.

Das absolute und das moralische Recht. Das Rechtssubjekt, das Rechtsobjekt. Die Selbstvertheidigung und die Selbsthilfe (Nothwehr Pfändung)
Subjektiv und objektiv persönliche Rechte; dingliche Rechte.
Affirmative, negative und prohibitive Rechte.
Veräusserliche und unveräusserliche Rechte.
Die Rechtsentziehung (Enteignung, Einziehung).

2. Kapitel· Das objektive Recht.

a. Recht und Moral. Recht und Religion. Recht, Vernunft und Billigkeit. Recht und Staat.
b. Positives und Naturrecht.
c. Entstehung und Quellen des positiven Rechts:
   α. Gewohnheitsrecht.
   β. Gesetzgebung: Gesetz, Verordnung, Erlass, Ministerial-Rescript, Polizeiverordnung, Staatsvertrag.
   γ. Rechtspflege: Theorie und Praxis.
d. Die geschichtliche Entwickelung des Rechts im Alterthum, im Mittelalter und in der Gegenwart. Das römische, kanonische, germanische, das heutige deutsche Recht. — Das bürgerliche Gesetzbuch für das deutsche Reich
e. Herrschaft (Gültigkeit) des Rechts:
   α. hinsichtlich der Zeit (rückwirkende Kraft).
   β. hinsichtlich der Personen (Privilegien: Patent-, Muster-, Marken-Recht; Arbeiter-Versicherung; Benefizien, Dispense).
   γ. hinsichtlich des Raumes (Reichs- und Landesrecht, römisches, kanonisches, französisches, deutsches Recht; das internationale Privat- und öffentliche Recht).
   δ. hinsichtlich des Inhaltes (Privat- und öffentliches Recht; formelles und materielles Recht).

II. Buch. Das Privatrecht*).

I. Theil. Allgemeines.

1. Kapitel: Von den Personen.

a. Von den natürlichen Personen:

Voraussetzung, Beginn und Ende der Rechtsfähigkeit.
Bürgerlicher und leiblicher Tod. Todeserklärung.
Altersstufen. Grossjährigkeit. Körperliche und geistige Schwäche. Entmündigung (Unvernunft, Verschwendungssucht).

---

*) **Unter besonderer Berücksichtigung des jüngsten Entwurfs zum bürgerlichen Gesetzbuch für das deutsche Reich.**

Religion, Stand, Ehre, Verwandtschaft.
Wohnsitz (ständiger Aufenthalt; Ehefrau, Kind, Militär, Ausland).

b. Von den juristischen Personen:
Begriff und Voraussetzung (Personvereine und Stiftungen).
Beginn und Ende. Vertretung.
Arten: Fiskus, Provinzial- und Kommunal-Verbände, Kirchengemeinden, Unterrichtsanstalten, milde Stiftungen; geschäftliche Vereinigungen (Handelsgesellschaften, Genossenschaften).

2. Kapitel· Von den Sachen.
Sachen in und ausser Verkehr.
Einfache und zusammengesetzte (univers. facti und juris).
Bewegliche und unbewegliche.
Theilbare und untheilbare.
Verbrauchbare und vertretbare (fungible, Geld, Inhaberpapiere).
Schätzbare und unschätzbare.
Vorhandene und künftige.
Haupt- und Nebensachen (Substanz, Pertinenz, An- und Zuwüchse, Früchte, Zinsen, Verwendung, Kosten und Schäden).

3. Kapitel: Rechtshandlungen und Rechtsgeschäfte.
Allgemeines: Handlung, Willenserklärung, Rechtsgeschäft, Vertrag, Rechtsverhältniss.

a. Eintheilungsarten:
  Erlaubte und unerlaubte (gegen die Person: Freiheit, Ehre, Leib, Leben; gegen das Vermögen: Sachbeschädigung; Eigenthum: Diebstahl, Raub, Unterschlagung, Hehlerei, Erpressung; Besitzstörung; Privilegienverletzung).
  Einseitige und mehrseitige.
  Entgeltliche und unentgeltliche.
  Unter Lebenden und von Todeswegen.
  Ungültige und nichtige; (Ratihabition, Konversion, Rescission, Konvalescenz).

b. Voraussetzungen:
  α. Wesentliche: Rechtssubjekt, Rechtsobjekt, Form; Willensäusserung· ausdrückliche, stillschweigende, vermuthete, angenommene; ernstliche; (Scherz, Simulation); frei; (Zwang, Gewalt: vis atrox, vis compulsiva, metus); Affekt; Irrthum und Betrug.
  β. Natürliche.
  γ. Nebensächliche, zufällige.

c. Geschäftsfähigkeit.
d. Willenserklärung.
e. Vertragschliessung. Einwilligung und Genehmigung.
  Verstärkung Anerkenntniss, Entsagung der Einreden, Draufgeld, Konventionalstrafe, Eid, gerichtliche Bestätigung; Sicherung: Bürgschaft, Kaution, Pfand, Zurückbehaltung, Selbsthülfe.
f. Umfang: Gegenstand (Alternativ-Obligation), Zeit, Ort der Erfüllung, Gewährleistung (gewöhnliche und aussergewöhnliche).
  Erweiterung der Vertragspflicht: Zuwachs, Verzug; Verschuldung (Fahrlässigkeit und Vorsatz; Interesse).
  Beschränkung der Vertragspflicht: Stundung, Konkurs (Moratorium, Kompetenz, Mora des Gläubigers).
g. Form der Rechtsgeschäfte.
h. Vertretung und Vollmacht.
i. Bedingung und Befristung.
k Zeitbestimmung.
l. Anspruchsverjährung.
m. Selbstvertheidigung und Selbsthülfe.
n. Klage und Einrede, Beweis, Urtheil, Sicherheitsleistung.

II. Theil. Sachenrecht.

1. Besitz und Inhabung (Gewahrsam).
   Voraussetzung: thatsächliche Gewalt, Besitzwille, Geschäftsfähigkeit.
   Ende: Verzicht (Aufgabe des Willens); dauernder Gewaltverlust.

2. Eigenthum und Eigenthumsanspruch.
   a. Inhalt und Umfang.
   b. Erwerb und Verlust des Eigenthums:
      an beweglichen Sachen (Fund, Zueignung, Ersitzung, Uebertragung, Verbindung, Vermischung, Verarbeitung);
      an unbeweglichen Sachen (Zueignung, Aufgebot, Uebertragung durch Rechtsgeschäfte).
   c. Miteigenthum.
   d. Vorkaufsrecht.
   e. Erbbaurecht.
   f. Dienstbarkeiten:
      α. Grunddienstbarkeiten.
      β. Niessbrauch:
         1. an Sachen,
         2. an Rechten,
         3. an Vermögen.
      γ. Beschränkte persönliche Dienstbarkeiten.
   g. Reallasten.
   h. Pfandrecht:
      α. an beweglichen Sachen,
      β. an Renten,
      γ. an unbeweglichen Sachen:
         1. Hypothek (Hypotheken ohne Brief, mit Brief; Sicherungshypothek).
         2. Grundschuld.

III. Theil. Recht der Schuldverhältnisse. (Obligationenrecht.)

I. Schuldverhältnisse im Allgemeinen.

1. Gegenstand der Schuldverhältnisse.
2. Inhalt der Schuldverhältnisse:
   a. Verpflichtung zur Leistung.
   b. Zurückbehaltungsrecht.
   c. Unmöglichkeit der Leistung und Folgen der Nichtleistung.
   d. Verzug des Schuldners.
   e. Verzug des Gläubigers.
3. Erlöschen der Schuldverhältnisse:
   a. Erfüllung.
   b. Hinterlegung.
   c. Aufrechnung.
   d. Erlass.
   e. Vereinigung.
   f. Tod des Gläubigers oder des Schuldners.
4. Sondernachfolge in Forderung und Schuld:
   a. Uebertragung der Forderung.
   b. Schuldübernahme.
5. Schuldverhältnisse mit einer Mehrheit von Gläubigern oder Schuldnern

II. Schuldverhältnisse aus Rechtsgeschäften unter Lebenden

1. Allgemeine Vorschriften:
   a. Einseitiges Versprechen.
   b. Gegenstand der Verträge.
   c. Inhalt der Schuldverhältnisse aus Verträgen.

d. Gewährleistung des veräusserten Rechts.
e. Gewährleistung wegen Mängel der veräusserten Sache.
f Versprechen der Leistung an einen Dritten.
g. Daraufgabe.
h. Konventionalstrafe.
i. Rücktritt vom Vertrage.

2. Schenkung.
3. Darlehen.
4. Kauf und Tausch:
   a. Kauf.
   b. Wiederkauf
   c. Vorkauf.
   d. Erbschaftskauf.
   e. Tausch.
5. Miethe und Pacht·
   a. Miethe.
   b. Pacht.
6 Gebrauchsleihe.
7. Dienst- und Werkvertrag:
   1. Dienstvertrag.
   2. Werkvertrag
   3. Maklervertrag.
8. Auslosung.
9. Auftrag.
10. Anweisung.
11. Hinterlegungsvertrag.
12. Einbringung von Sachen bei Gastwirthen.
13. Gesellschaft.
14. Leibrente.
15. Spiel und Wette.
16. Vergleich.
17 Bürgschaft.
18. Verpfändungsvertrag.
19 Schuldversprechen.
20 Schuldverschreibung auf Inhaber.

III. Einzelne Schuldverhältnisse aus anderen Gründen.

1. Bereicherung:
   a. Leistung einer Nichtschuld.
   b. Nichteintritt der thatsächlichen oder rechtlichen Voraussetzung.
   c. Wegfall des Rechtsgrundes einer Leistung.
   d. Verwerflicher Empfang.
   e. Sonstiges grundloses Haben (Bereicherung).
2. Geschäftsführung ohne Auftrag.
3. Gemeinschaft.
4. Vorlegung und Offenbarung.

Anhang.

Das Recht der Schuldverhältnisse im Handels- und Wechselverkehr: Das Handels- und Wechselrecht.

A. Das Handelsrecht.

Allgemeines: Begriff und Stellung des Handelsrechts. Ursprung und geschichtliche Entwickelung des Handelsrechts im Alterthum, im Mittelalter und in der Gegenwart; die Gesetzgebung im Inlande und im Auslande. Umfang und Geltung des deutschen Handelsrechts.

I. Vom Handelsstande.

1. Kaufmann, Handlungsbevollmächtigter (Prokurist, Disponent), Handlungsgehilfe, Handelsmäkler (Sensale).
2. Handelsfirma, Handelsregister, Handelsbücher.

II. Die Handelsgesellschaften.

1. Die offene Handelsgesellschaft.
   a. Errichtung, Veränderung, Auflösung, Liquidation.
   b. Rechtsverhältniss nach Innen und nach Aussen.
   c. Verjährung der Klagen gegen die Gesellschafter.
2. Die Kommanditgesellschaft.
3. Die Kommanditgesellschaft auf Aktien.
4. Die Aktiengesellschaft:
   a. Errichtung, Aenderung, Auflösung.
   b. Rechtsverhältnisse der Aktionäre und des Vorstandes nach Innen und nach Aussen.
5. Die stille Gesellschaft.
6. Die Vereinigung zu einzelnen Handelsgeschäften für gemeinschaftliche Rechnung.
7. Die Genossenschaft.
8. Die Gesellschaft mit beschränkter Haft.

III. Die Handelsgeschäfte.

1. Allgemeines: Begriff; Abschluss, Erfüllung und Aufhebung der Handelsgeschäfte.
2. Der Kauf.
3. Das Kommissions- und das Speditionsgeschäft.
4. Das Frachtgeschäft überhaupt und das der Eisenbahnen.

B. Das Seerecht.

Allgemeines: Begriff und geschichtliche Entwickelung des Seerechts.

1. Rheder und Rhederei.
2. Schiffer und Schiffsmannschaft.
3. Güter- und Personen-Frachtgeschäft.
4. Bodmerei.
5. Haverie (grosse und besondere); Schaden durch Schiffszusammenstoss.
6. Bergung und Hilfeleistung zur See.
7. Schiffsgläubiger.
8. Versicherung gegen Seegefahr: Rechte und Pflichten des Versicherers und des Versicherten Gefahr und Schaden. Aufhebung der Versicherung und Rückzahlung der Prämie.
9. Verjährung im Seerecht.

C. Das Wechselrecht.

Allgemeines: Geschichte und Bedeutung des Wechsels und des Wechselrechts. Begriff und Arten des Wechsels: eigener und gezogener, trassirt eigener, Domicilwechsel, Mess- und Marktwechsel, Sichtwechsel, Sola- und Primawechsel, Wechselkopie und Wechselduplikat.

1. Wechselfähigkeit, aktive und passive.
2. Wechselverpflichtung (Annahme und Zahlung); Wechselbürgschaft; Zinsenbedingung.
3. Der gezogene Wechsel (Erfordernisse).
4. Der Wechselprotest; Voraussetzung: mangelnde Zahlung, Annahme oder Sicherheit; Ort, Zeit und Form des Protestes.
5. Der eigene Wechsel.
6. Verlust und Verjährung des Wechselrechts.

IV. Theil. Familienrecht.

I. Eherecht.

1. Eingehung der Ehe:
   a. Verlöbniss.
   b. Ehehindernisse.
   c. Eheschliessung.
   d. Ungültigkeit der Ehe.
2. Wirkungen der Ehe:
   a. Eheliches Personenrecht.
   b. Eheliches Güterrecht.
      α. Ehegut und Vorbehaltsgut.
      β. Nutzniessung und Verwaltung des Ehegutes; Anfang und Ende.
      γ. Beschränkung des Verfügungsrechtes der Ehefrau.
      δ. Verbindlichkeiten der Ehefrau.
      ε. Nutzniessung und Verwaltung durch den gesetzlichen Vertreter des Ehemannes.
3. Eheverträge:
   a. Trennung der Güter
   b. Allgemeine Gütergemeinschaft.
      α. Vereinbarung der Gütergemeinschaft.
      β. Verhältniss während bestehender Gütergemeinschaft.
      γ Auflösung der Gütergemeinschaft.
      δ. Gütergemeinschaftliche Erbfolge.
   c. Errungenschaftsgemeinschaft.
   d. Gemeinschaft des beweglichen Vermögens und der Errungenschaft.
4. Eherechtliches Register:
5. Auflösung der Ehe:
   a. Scheidung und Trennung von Tisch und Bett.
   b. Auflösung der Ehe in Folge Todeserklärung.

II Verwandtschaft.

1. Eheliche Abstammung:
2. Unterhaltungspflicht:
3. Rechtsverhältniss zwischen Eltern und Kindern. Elterliche Gewalt.
   a. Sorge für Person und Vermögen der Kinder.
   b. Elterliche Nutzniessung
   c. Elterliche Gewalt der Mutter.
   d. Sorge und Aufsicht des Vormundschaftsgerichts
   e Beschränkung, Ruhen und Beendigung der elterlichen Gewalt.
4. Rechtsverhältniss der Kinder aus ungiltigen Ehen.
5. Rechtsverhältniss der unehelichen Kinder.
   a. Allgemeine Vorschriften.
   b. Unterhaltspflicht des unehelichen Vaters.
6. Legitimation unehelicher Kinder:
   a. Durch nachfolgende Ehe
   b. Durch Ehelichkeitserklärung.
7. Annahme an Kindesstatt.
8. Feststellung familienrechtlicher Verhältnisse.

III. Vormundschaft.

1. Vormundschaft über Minderjährige:
   a. Anordnung der Vormundschaft.
   b. Führung der Vormundschaft.
   c. Vormundschaftsgericht.
   d. Befreite Vormundschaft.
   e. Verbindlichkeiten zwischen Vormund und Mündel. Haftung des Vormundschaftsrichters.
   f. Beendigung der Vormundschaft.

g. Familienrath.
h. Mitwirkung des Gemeindewaisenrathes.
2. Vormundschaft über Volljährige.
3. Pflegschaft.

V. Theil. Erbrecht.

1. Allgemeine Vorschriften.
2. Letztwillige Verfügung:
   a. Erbeseinsetzung.
   b. Einsetzung eines Nacherben (Substitution).
   c. Vermächtniss. Auflage.
   d. Testamentsvollstrecker.
   e. Errichtung letztwilliger Verfügungen.
3. Verfügung von Todeswegen durch Vertrag.
4. Gesetzliche Erbfolge:
   a. Gesetzliche Erben.
   b. Pflichttheil.
5. Erbverzicht.
6. Rechtstellung der Erben:
   a. Erwerb der Erbschaft.
   b. Erbunwürdigkeit.
   c. Wirkungen des Erbschaftserwerbes.
   d. Nachlassgericht.
   e. Erbbescheinigung (Erbschein).
   f. Erbschaftsanspruch
   g. Inventarrecht.
   h. Auseinandersetzung der Miterben.

III. Buch. Das öffentliche Recht.

Allgemeines: Begriff. Geschichtl Entwickelung. Staatsformen. Staatsoberhaupt. Staatsgewalt. Organisation des Staats: Verfassung und Verwaltung. Das Staatsgebiet. Hoheitsrechte und Regalien.

I. Das innere Staatsrecht.

Geschichtl. Entwickelung des deutschen Reichs und des preussischen Staats, unter Berücksichtigung der anderen deutschen Bundesstaaten. Deutsche Reichs- und Rechtsgeschichte.

1. Das Verfassungs- und Verwaltungsrecht des deutschen Reichs.

Rechtverhältniss des Reichs zu den Bundesstaaten und zu den Reichsangehörigen. Das Reichsgebiet.

Die Organe des Reichs: Kaiser, Bundesrath, Reichstag, die Reichsbehörden, ihre Rechte und Pflichten.

Zusammensetzung des Bundesraths und des Reichstags. Aktive und passive Wahlfähigkeit zum Reichstag. Reichstagswahl.

Die Beaufsichtigung und Gesetzgebung des Reichs: Staatsbürgerrecht, Heimathsverhätnisse, Freizügigkeit, Fremdenpolizei, Gewerbebetrieb und Versicherungswesen; Zoll und Handel; Mass, Münze und Gewicht, Bankwesen; geistiges Eigenthum (Urheberrecht); Schifffahrt und Handel im Auslande; Eisenbahn, Post und Telegraphen; Binnen-Schifffahrt und Flösserei; Rechtshilfe; Beglaubigung öffentl. Urkunden; bürgerl. Recht, Strafrecht und gerichtl. Verfahren; Heer und Marine; Medicinal- und Veterinärwesen.

Bundesrath und Bundesraths-Ausschüsse.
Reichsbehörden: Reichskanzler und Reichsämter:
  Auswärt. Amt Pol., Handelspol. und Rechtsabtheilung.

Reichsamt des Innern: Reichsschulkommission, Oberseeamt, Bundesamt für Heimatwesen, Statist. Amt, Normal-Aichungs-Commiss., Gesundheitsamt, Patentamt, Reichs-Versicherungsamt, Physikal. Techn. Reichsanstalt; Kommissionen bezw. Inspektionen für Seeschifffahrt, Seeschifferprüfung, Seezeichen und Schiffvermessung, Central-Direktion der Monum. German. histor.

Kais. Marine: Oberkommando- und R.-Marine-Amt.

Reichs-Justizamt (Reichsgericht, Kommiss. für bürg. Gesetzbuch).

Reichs-Schatzamt (R.-Hauptkasse, R.-Schuldenverwaltung, R.-Kriegsschatz, R.-Rayon-Kommission, Kontrole der Zölle und Verbrauchssteuern, Münzmetalldepot).

Reichs-Eisenbahnamt und Reichsamt der Verw. der Reichseisenbahnen.

Rechnungshof des deutschen Reichs.

Reichs-Invalidenfonds.

Reichs-Postamt (Reichsdruckerei).

Reichsbank (R.-Schulden-Kommission).

2. Verfassung und Verwaltung des preussischen Staats.

Einleitung. Geschichtl. Entwickelung des preuss. Staats.

a. Staats-Verfassung.

Das Staatsgebiet. Der Monarch (Regierung und Regentschaft), unverletzlich, erhöhter Rechtsschutz; Beeidigung der Verfassung; Ernennung und Entlassung der Minister, der Civil- und Militär-Staatsdiener, Mitwirkung bei der Gesetzgebung; Abschliessung von Verträgen u. U.; Kriegserklärung und Friedenschliessung (s. Reichsverf.); Begnadigung, Ordens- und Ehrenverleihung, Kron-Fideikommiss und Civilliste; Berufung, Vertagung, Schliessung, Auflösung. Neuwahl und Neueinberufung der Kammern.

Rechte und Pflichten der Staatsbürger. Gleichheit vor dem Gesetz ohne Standesvorrechte; öffentliches Amt jedem Befähigten zugängig. Gewährleistet: persönl Freiheit, Hausfrieden, Briefgeheimniss, ordentl. Gerichtsstand und Verfahren, Eigenthum, Auswanderung, religiös. Bekenntn und Religions-Ausübung, Freiheit der Wissenschaft und der Meinungsäusseung, unbewaff. Versammlung in geschlossenen Räumen, gesellschaftl nichtpolitische Vereinigung, Petitionsrecht, Wahlfreiheit. Gesetzl. Ausnahmen — Schul-, Wehr- und Steuerpflicht, Verpflichtung zur Uebernahme gew öffentl. Aemter; Anzeigepflicht und Aushülfepflicht bei gemeiner Noth

Volksvertretung: Abgeordneten- und Herrenhaus; Wahl und Berufung; akt. und pass. Wahlfähigkeit; vereinigter Landtag; Gesetzgebung und Nothstandsverordnung; Immunität der Abgeordneten.

b. Allgemeine Staatsverwaltung.

Die Person des Monarchen: Chef der vollziehenden Gewalt. Vollziehung der Gesetze, Erlass der Verordnungen, Oberaufsicht der Verwaltung, Besetzung der Staatsämter: Civil- und Militär-Kabinet.

Die Staatsbehörden: Central-, Provinzial- und Lokalbehörden. Provinzen, Bezirken, Kreise.

Staatsministerium und Ministerien (der Staatsrath).

Ministerium der auswärt. Angelegenheiten (s. a. auswärt. Amt des deutschen Reichs) für deutsche Bundesstaaten und für die Kurie.

Finanzministerium: Verw. der dir. und indir. Steuern, der Lotterien, der Staatsschulden; Provinz.-Steuer-Direktionen; Haupt- und Nebensteuerämter.

Ministerium der geistl. Unterrichts- und Medicinal-Angelegenheiten (Kultus-Ministerium), Akademie der Wissenschaften, Universitäten, techn. und künstler. Hochschulen, Akademien, Museen, Gallerien etc. Evangel. Oberkirchenrath (s. Kirchenrecht).

Ministerium für Handel und Gewerbe: Gewerbe-Abtheil., gewerbl. Unterrichtswesen, Aichungsbehörde, Bergakademie, Prüf-Kommissionen.

Ministerium des Innern: Allgem. Landesverwaltung (s. u.); Verwaltungsstreitverfahren, Oberverwaltungsgericht; Wohlfahrts-, Sicherheits-, Kriminalpolizei (Strafanstalten).

Justizministerium: Verwaltung der Rechtspflege; Gnadensachen; Justizbehörden Oberlandes- (Kammer), Land- und Amtsgerichte, Handels- und Schiedsgerichte, Ober- und Staatsanwaltschaften, Rechtsanwaltschaft und Notariat, Untersuchungs- und Strafgefängnisse.

Kriegsministerium. Verwaltung: Bewaffnung, Bekleidung, Verpflegung, Unterbringung, Besoldung des Heeres; Beförderung (Militär-Eisenbahn), Landesvertheidigung, Erziehung und Bildung: Unteroffizierschulen, Kadettenhäuser, Kriegsschulen, Akademie, Generalstab. Medicinal- und Veterinärwesen Rechtspflege, Generalauditoriat, Auditoriate (Militärstrafrecht, Kriegs- und Standgerichte), Militär-Waisen- und Invalidenwesen.

Ministerium für Landwirthschaft, Domänen und Forsten: Landwirthschaftl. und Gestütsangelegenheiten; Domänenverwaltung; Forst- und Jagdsachen; Veterinärwesen; landwirthschaftl Kreditinstitute; Landvermessung, Oberlandeskulturgericht; landwirthschaftl und thierärztl. Hochschule; Forstakademien.

Ministerium für öffentl Arbeiten: Eisenbahnverwaltung, Staatsbauten zu Lande und zu Wasser

Oberrechnungskammer.

c. Die Staatsverwaltung im Einzelnen.

Die Provinz — Ober-Präsident: Prov.-Rath, Prov.-Schulkollegium, Medicinal-Kollegium, Konsistorium.

Der Regierungsbezirk — Regier.-Präsident: Präsid.-Abtheilung, Abth. für Kirchen und Schulwesen, Abth. für dir. Steuern, Domänen und Forsten.

Der Kreis — Landrath: Kreisdeputirter, Kreisausschuss, Kreistag; Amtsvorsteher (Distriktkommissar).

Landesverwaltung: Provinzial-Verband, Prov.-Landtag, Prov.-Ausschuss; Landesdirektor (Landeshauptmann), Ressort.

Städt. (Kommunal-) Verwaltung: Bürgermeister, Magistrat, Stadtverordnetenversammlung. Zweige der Verwaltung: Finanzen (Steuern, Sparkasse), Gewerbe und Verkehr (Strassenbau-, Reinigung und Beleuchtung), Gesundheitspflege; Bauten, Wasserwerke und Kanalisation; Gartenbau; Viehhof, Fleischschau, Markthallen, Erziehungshäuser und Schulen (Volks-, Handwerker-, Baugewerkschulen, höhere Schulen und Seminarien); Armen-, Waisen-, Kranken-, Siechen- und Irrenanstalten.

d. Staat und Staats-(Volks-)wirthschaft (Nationalökonomie).

Begriff. Geschichtl Entwickelung Systeme

Das wirthschaftliche Gut (Waare).

Güter-Erzeugung (Produktion). Produktionsmittel: Arbeit und Kapital. Kapitals-Vereinigungen, Genossen- und Gesellschaften. Unternehmer und Unternehmergewinn.

Güter-Umsatz. Handel und Gewerbe Werth und Preis. Allgem. Werthmesser. Geld und Münze, Papiergeld und Geldpapier Valuta und Kredit. Markt, Börse. Bank. Risico, Spekulation und Differenz.

Güter-Verbrauch Konsumtion und Produktion, Bedarf und Verbrauch, Angebot und Nachfrage. Ueberproduktion und Minderkonsumtion.

Güter-Ausgleich (Vertheilung). Arbeitslohn. Zins, Rente, Dividende.

Staatsinteresse und Staatsoberaufsicht. Staatsgewerbebetriebe und Regalien: Bergwerke, Bernsteinregal, Domänen und Forsten; Banken; Eisenbahnen, Posten und Telegraphen.

e. Die Rechtspflege und ihre Gebiete in der Staatsverwaltung.

a. **Strafrecht** (materielles).

Einleitung.

Begriff Eintheilung: subjekt. und objekt. Strafrecht. Quellen und geschichtl. Entwickelung des Strafrechts. Deutsches Strafgesetzbuch vom 15. Mai 1871 (31. Mai 1870).

Allgemeiner Theil.

Nullum crimen, nulla poena sine lege. (Analogie ausgeschlossen.) Bei Verschiedenheit der Gesetze: Anwendung des mildesten.

Herrschaft des Strafrechts rücksichtl. der Zeit, des Raumes und der Person.

Das Militär-Strafrecht:

Das materielle: Militär-Strafgesetzbuch vom 20. Juni 1872.

Das formelle: Militär-Strafprozessordnung (preuss.) v. 3. April 1845.

Das Territoritalitätsprinzip und seine Ausnahmen. Verbot der Auslieferung eines Deutschen.

Auslieferung und Auslieferungsverträge.

Immunität der Abgeordneten. Rede- und Abstimmungsfreiheit. Wahrheitsgetreue Verhandlungsberichte.

Die strafbaren Handlungen. Eintheilung: Verbrechen (mit dem Tode, Zuchthaus, Festung über 5 Jahre bedroht), Vergehen (Festung bis zu 5 Jahren, Gefängniss, Geldstrafe über 150 Mk.), Uebertretungen (Haft oder Geldstrafe bis 150 Mk.).

I. Theil.

Die Straftheorien.

Die einzelnen Strafen:

1. Hauptstrafen:
   - a. Todesstrafe. (Intramurane Enthauptung. Landesherrl. indir. Bestätigung des Todesurtheils.)
   - b. Freiheitsstrafen
     - α. Zuchthaus (1 bis 5 Jahre, auch zu öffentl. Arbeiten unter Trennung von freien Arbeitern).
     - β. Festung (Freiheitsentziehung und Beaufsichtigung in Festung).
     - γ. Gefängniss (relat. Beschäftigung).
     - δ. Haft (einf. Freiheitsentziehung).
     - ε. Ausweisung (des Ausländers).
2. Nebenstrafen:
   - a. Ehrenstrafen Verlust der bürgerl. Ehrenrechte, dauernde und zeitige Unfähigkeit zur Bekleidung öffentl. Aemter, Unfähigkeit zum Militärdienst.
   - b. Polizeiaufsicht.
   - c. Ueberweisung an die Landespolizeibehörde.
   - d. Einziehung verbrecher Werkzeuge und Erzeugnisse.

     Konfiskation als Strafe nicht zulässig, wohl aber als Sicherung, ausser bei Uebertretungen.

Thäterschaft.

Vorsatz und Fahrlässigkeit.

Vollendung und Versuch. Mangelnder Erfolg und freiwillige Abstandnahme. Versuch am untaugl. Objekt, mit untaugl Mittel.

Wiederholung und Rückfall.

Theilnahme.

Mitthäterschaft (Genossen), Beihülfe, Anstiftung, Aufforderung, Begünstigung und Hehlerei.

Strafausschliessungs- und Milderungsgründe.

Geisteskrankheit, Bewusstlosigkeit, Taubstummheit.

Nothstand und Nothwehr. Ueberschreitung der Nothwehr.

Strafbares Alter. Absolute und relative Strafunmündigkeit. Mangelnde Einsicht zur Erkenntniss der Strafbarkeit.
Verjährung der Strafverfolgung und der Strafvollstreckung.
Ruhe und Unterbrechung der Strafverfolgung.

Antragsvergehen.

Zusammentreffen mehrerer strafbarer Handlungen. Reale und ideale Konkurrenz.

II Theil.

Die einzelnen Verbrechen und Vergehen:

1. Wider den Staat (Staatsoberhaupt, Reichs- und Landesfürst, Integrität, Verfassung, Staatsterritorium, Staatsinteresse, Hoheitszeichen, Sicherheit und Ordnung):
   1. Hochverrath, im Inlande und im Auslande.
   2. Landesverrath.
   3. Majestätsbeleidigung.
   4. Beleidigung gegen Landesherren, Bundesfürsten und deren Familienmitglieder.
   5. Befreundete Staaten: Hochverrath, Landesverrath, Majestätsbeleidigung, Hoheitszeichen, beglaubigter Staatsvertreter. Antrag und Gegenseitigkeit.
   6. Staatsbürgerliche Rechte (Wahlfreiheit).
   7. Staatsbürgerliche Pflichten. Wehrpflichtverletzung, Anwerbung zu ausländ. Militärdienst, Selbstverstümmelung, Zeugenaussagepflicht, Anzeigepflicht, täuschende Verleitung zum Auswandern.
   8. Landfriedensbruch (einf. und schw.).
   9. Hausfriedensbruch (einf. und qualif.).
   10. Staatsgewalt:
       a. Widerstand, auch gegen Forstbeamte (qualif.).
       b. Landfriedensbruch.
       c. Oeffentliche Aufreizung und Aufforderung an Civil- und Militärpersonen zum Ungehorsam.
       d. Beamtennöthigung
       e. Aufruhr (Rädelsführer).
       f. Bewaffnete Ansammlung.
       g. Auflauf.
       h. Gefangenenbefreiung; Beihilfe zur Selbstbefreiung; Gefangenen-Meuterei.
   11. Verbotene und staatsgefährl Verbindungen.
   12. Klassenaufreizung
   13. Verleumd. Beschimpfung staatl Einrichtungen. Gefährdende Erörterung staatl Angelegenheiten seitens der Geistlichkeit.
   14. Amtsanmassung.
   15. Beschädigung amtlicher Urkunden, Bekanntmachungen, Hoheitszeichen, Siegel.
   16. Arrestbruch. Anzeigepflicht.
   17. Münzhoheitsverletzung: Münzverbrechen, -Vergehen und -Uebertretung.
   18. Lotterievergehen (unerl. Veranstaltung; Spiel in auswärt. Lotterien).
   19. Personenstandverletzung: Kindesunterschiebung, Personenstandsveränderung, kirchliche Eheschliessung ohne voraufgegangene staatliche.
2. Wider die Religion:
   1. Gotteslästerung und Religionsbeschimpfung.
   2. Gottesdienststörung und -Verhinderung.
   3. Leichen- und Gräber-Entweihung
3. Wider die Rechtspflege:
   1. Meineid (wissentl., fahrlässiger), Anstiftung und Verleitung, falsche eidesstattl. Versicherung, Strafermässigung bei ev. Selbstbezichtigung,

Zeugnissablehnungs - Berechtigung, Widerruf. Straflosigkeit bei Widerruf fahrlässigen Meineides. Verletzung eidl. Gelöbnisse bei Sicherheitsbestellung und Offenbarung. Folgen der Verurtheilung wegen wissentl Meineides.
2. Zeugenpflichtverletzung.
3. Der Zweikampf: Anreizung, Herausforderung, Annahme, Vollzug; tödtl. Ausgang, Cartellverletzung, ohne Sekundanten; Straflosigkeit: bei freiwill. Aufgabe, der Cartellträger bei ernstl. Bemühen, der Sekundanten, Zeugen, Aerzte.

4. Wider die Ehre:
1. Beleidigung, üble Nachrede, Verleumdung.
2. Wissentl. falsche Anschuldigung.
3. Verleumd. Beschimpfung des Andenkens Verstorbener.
4. Wahrheitsbeweis. Berechtigte Interessen. Dienstliche Rügen, tadelnde Aeusserungen und Urtheile.
5. Strafantrag: Frist und Form; Stellung seitens gesetzl. Vertreters (Ehemann, Vorgesetzter, polit. Körperschaft).
6. Wechselseitige und auf der Stelle erwiderte Beleidigungen.

5. Wider die Freiheit:
1. Menschenraub.
2. Entführung Minderjähriger.
3. Entführung einer Frauensperson wider deren Willen, einer minderjährigen Frauensperson mit deren Willen, aber ohne Einwilligung der Eltern, zur Unzucht oder Ehe; nachfolgende Ehe.
4. Freiheitsberaubung (einf. und qualif.).
5. Nöthigung, Bedrohung, Erpressung.

6. Wider die Sittlichkeit:
1. Doppelehe.
2. Ehebruch.
3. Blutschande.
4. Widernatürl. Unzucht (zwischen Pers. männl. Geschl., zwischen Menschen und Thieren).
5. Unzucht seitens Vormünder, Pflegeeltern, Geistliche, Erzieher mit Minderjährigen bezw. Pfleglingen,
   - - Beamter mit Personen in Untersuchung oder Obhut,
   - - Beamter, Aerzte, Medizinalpersonen mit Personen in öffentlichen Anstalten.
6. Unzucht mit Gewalt gegen Frauenspersonen,
   - - geisteskranken oder willen- bezw. bewusstlosen Frauenspersonen,
   - - Personen unter 14 Jahren.
7. Nothzucht.
8. Verführung durch Trauungs-Vorspiegelung
9. Verführung unbescholtenen Mädchens unter 16 Jahren; Antrag der Eltern oder des Vormundes.
10. Kuppelei (einf und qualif.).
11. Oeffentliche Schamverletzung.
12 Unzüchtige Schriften. Veröffentlichung.
13. Wucher und Ausbeutung Minderjähriger
14. Gewerbsmässiges Glücksspiel und seine Duldung.

7. Gegen das Leben:
1 Mord.
2. Todtschlag. — Reizung zum Zorn; bei Beseitigung eines Hindernisses, Todtschlag an Ascendenten.
3. Tödtung auf Verlangen des später Getödteten.
4. Kindesmord.
5. Fahrlässige Tödtung.
6. Abtreibung (ohne oder gegen Entgelt, mit oder ohne Wissen oder Willen der Schwangeren).

7. Aussetzung jugendl., gebrechl. oder hilfloser Personen.

8 Wider die allgemeine Sicherheit und Wohlfahrt:
1. Brandstiftung (Sachzerstörung durch Explosions-Stoffe), vorsätzl, schwere, qualif., fahrlässige. Strafloser Versuch.
2. Ueberschwemmung (vorsätzl. und fahrläss) mit Gefahr für Menschen, für Eigenthum.
3. Gefährdung (vorsätzl. und fahrläss.) von Eisenbahnanlagen, Transportbeförderungsmitteln.
4. Störung (vorsätzl. und fahrläss.) öffentlicher Telegraphenanstalten.
5. Beschädigung (vorsätzl. und fahrläss.) von Wasser- und Bergwerken.
6. Zerstörung (vorsätzl. und fahrläss.) von Schifffahrtszeichen.
7 Schiffsuntergang (Stranden- und Sinkenmachen, vorsätzl. und fahrlässig).
8 Gefährdung der Schiffsladung.
9. Brunnenvergiftung (vorsätzl. und fahrläss.).
10. Nahrungsmittel-Vergiftung und -Verfälschung
11. Verletzung der Verbote bezügl. Einführung und Verbreitung ansteckender Krankheiten und Viehseuchen
12. Verletzung der Lieferungsverträge für Heer und Marine, sowie bei Nothständen.
13. Verletzung der Regeln der Baukunst bei Bauten.

9. Wider die Amtspflichten:
1 Bestechung (akt. und pass.) für pflichtwidrige und nicht pflichtwidrige Handlungen.
2. Rechtsbeugung (Beamter oder Schiedsrichter).
3. Nöthigung.
4. Erpressung
5. Misshandlung.
6. Freiheitsentziehung.
7. Hausfriedensbruch.
8. Rechtswidrige Strafverfolgung.
9. Rechtswidrige Ausserverfolgungsetzung.
10. Gefangenenbefreiung.
11. Falsche Beurkundung, Urkundenverfälschung und -Beschädigung (schwere: in gewinns. Absicht).
12. Unterschlagung und Falschbuchung.
13. Gebühren- und Steuerüberhebung.
14. Amtsgeheimnissverletzung und Amtsungehorsam (diplom. Beamte).
15 Verleitung zu Amtsverletzungen.
16. Brief- und Packetverletzung seitens der Post-, Depeschenverfälschung, -Eröffnung und -Unterdrückung seitens der Telegraphenbeamten.
17. Verrath des Rechtsbeistandes. (Tergiversation)

10. Wider Treu und Glauben:
1. Betrug. — Gegen Angehörige etc.; Rückfall.
2. Betrüg. Brandstiftung.
3. Untreue (absichtl Schädigung seitens Vertreter und Bevollmächtigter).
4. Urkundenfälschung (einf., schwere, indir., intellektuelle Fälschung privater und öffentl. Urkunden; Fälschung und Benutzung).
5. Urkundenbeschädigung u. -Unterdrückung; Grenzstein- oder Wasserstandszeichen-Fälschung, -Verrückung und -Vernichtung.
6. Stempelpapier-, Stempelmarkenfälschung, -Verfälschung und missbräuchl. Benutzung.
7. Attestfälschung zur Täuschung von Behörden und Versich.-Gesellschaften.
8. Geheimnissverletzung (Privat- und Geschäftsgeheimnisse).
9. Bankrutt (einf. und schwerer); Gläubigerbegünstigung (aktive und passive).
10. Unlauterer Wettbewerb.

11. Wider das Eigenthum:
  1. Diebstahl (einf., schwerer, rückfällig, gegen Angehör., unter Ehegatten).
  2. Unterschlagung (einf., qualif.), Unterschlagung gegen Angehörige, unter Ehegatten.
  3. Raub (unter erschwerenden Umständen).
  4. Räuber, Erpressung.
  5. Erpressung (einf. und schwere).
  6. Hehlerei und Partirerei (einf. und schwere, gewerbs- und gewohnheitsmässig; rückfällige).
  7. Verstoss gegen das geistige (literar., artist., industrielle) Eigenthum. Unbefugte Vervielfältigung und Nachbildung (Aufführung) von Schrift- und Kunstwerken; Patent-, Muster-, Waarenzeichen- und Firmen-Verletzung.
  8. Arrest- und Pfandrechtsverletzung
  9. Munitionsentwendung.
  10. Pfandleihverletzung.
  11. Heuerentwendung.
12. Sachbeschädigung:
  Einfache und qualifizirte.
13. Jagd- und Fischereivergehen:
  Unbefugte Ausübung der Jagd (gelegentlich, gewerbsmässig, gemeingefährlich); gemeingefährliche Fischerei; unbefugter Fischfang der Ausländer.

III. Theil.

Die Uebertretungen.

Wider die öffentliche Sicherheit, Ordnung, Wohlfahrt und Sittlichkeit.

b. Das Strafprozessrecht.

Einleitung.

Geschichte des Strafprozesses im römischen, germanischen uud modernen Rechte.

Die Strafgerichte: Sachliche, räumliche und persönliche Zuständigkeit. Der Gerichtsstand des Ortes der That, des Wohnsitzes des Angeschuldigten, des Ortes der Ergreifung (bei im Auslande begangener That), bei zusammenhängenden Strafthaten und bei Exterritorialität).

Die mitwirkenden Personen: Der Richter (der untersuchende, der erkennende), der Gerichtsschreiber, der Staatsanwalt, der Antragsteller und Nebenkläger, der Vertheidiger.

Ausschliessung und Ablehnung der Gerichtspersonen.

Das Schöffengericht, die Strafkammer, das Schwurgericht, das Reichsgericht.

Sondergerichte: Militärgerichte, Kriegs- und Standgerichte, Konsulargerichte, Disziplinargerichte.

Die Gerichtspersonen: Richter, Gerichtsschreiber, Geschworener und Schöffe.

Die Staatsanwaltschaft: Rechte und Pflichten.

Der Beschuldigte, Angeschuldigte, Angeklagte und Verurtheilte.

Die Vertheidigung: Rechte und Pflichten (Akteneinsicht, Verkehr mit dem Beschuldigten, Antragstellung, Schlussausführung).

Rechtlicher Beistand (Ehemann, Vater, Vormund).

Gesetzliche Vertretung: Vertheidigerwahl, Rechtsmitteleinlegung.

Gerichtliche Entscheidung: Verkündung, Zustellung.

Beweismittel: Geständniss; Zeugniss, berecht. und unberechtigte Zeugnissablehnung (Folgen der letzteren), beeid. und unbeeidigtes Zeugniss; Zeugenvernehmung und Vereidigung; Gutachten, Rechte und Pflichten des Sachverständigen, Vorbereitung des Gutachtens, mündl. und schriftl. Gutachten; Hülfswissenschaften: Technik, Chemie, Schriftenvergleichung;

Urkunden; corpus delicti; richterl. Augenschein (Leichenschau und Leichenöffnung).

Beweisführung: Beschlagnahme und Durchsuchung (Anordnung und Durchführung), Verhaftung und vorläufige Festnahme (Vorausetzung und Durchführung), Vorführungsbefehl und Steckbrief; Sicherheitsleistung.

Das Verfahren erster Instanz.

1. Das Verfahren:
   a. Vorbereitendes (Ermittelungs-) Verfahren und seine Leitung.
   b. Voruntersuchung (vorgeschriebene, unzulässige, statthafte), Zweck, Voraussetzung, Führung.
2. Das Hauptverfahren:
   a. Eröffnung und Ablehnung; vorläufige Einstellung des Verfahrens.
   b. Die Hauptverhandlung:
      Vorbereitung; Durchführung (Beweisaufnahme); Beendigung: Freisprechung, Verurtheilung, Einstellung; Protokollaufnahme; Urtheilsverkündung und Begründung.

   Die Verhandlung vor dem Schwurgericht:
      Spruchliste der Geschworenen, Bildung der Geschworenenbank (Ausloosung, Annahme, Ablehnung, Vereidigung der Geschworenen). Die Beweisaufnahme. Rechte des Angeklagten und des Vertheidigers. Stellung des Staatsanwalts. Bericht des Vorsitzenden (Rechtsbelehrung). Die Fragestellung an die Geschworenen und ihr Wahrspruch. Die Urtheilsfällung und ihre Verkündung: Freisprechung und Verurtheilung; Aufhebung des Spruchs bei offenbar irriger Verurtheilung.
3. Besondere Verfahren:
   Das Contumacialverfahren:
      Voraussetzung: Unbekannte Abwesenheit oder Aufenthalt im Auslande, unthunl. Gestellung, nur bei Geldstrafe oder Einziehung.
      Durchführung: Hauptverhandlung und Urtheilszustellung.
      Sicheres Geleit.

   Das objektive Strafverfahren (ohne Verfolgung des Thäters): Bei Einziehung und Vermögensbeschlagnahme.

   Verfahren bei amtsrichterl. Strafbefehlen.

   Verfahren auf polizeil. Strafverfügung.

   Verfahren bei Steuervergehen.

   Verfahren gegen abwesende Wehrpflichtvergessene.

   Privatklage.

Die Rechtsmittel und das Verfahren in höherer Instanz.

Allgemeines. Der Instanzenzug. Recht zur Einlegung des Rechtsmittels, Verzicht und Zurücknahme (unwiderruflich); Einlegungsfrist; Suspensiv- und Devolutiv-Effekt.

Die ordentlichen Rechtsmittel: Beschwerde, Berufung, Revision; Wesen, Voraussetzung, Verfahren, Wirkung.

Die ausserordentl. Rechtsmittel: Wiederaufnahme des Verfahrens für und gegen Verurtheilung; Voraussetzung, Verfahren, Wirkung. Wiedereinsetzung in den vorigen Stand.

Die Strafvollstreckung.

Voraussetzung: Rechtskraft und Vollstreckbarkeit.

Das Recht der Begnadigung: Gnadenerlass und Amnestie. Straferlass (gänzl. und theilweis.), Strafumwandlung.

Die Todesstrafe (indir. Bestätigung): Vollstreckung (unzulässig gegen Geisteskranke und Schwangere; nicht öffentlich, in Gegenwart 2 Richter I. Instanz, des Staatsanwalts, Gerichtsschreibers und Gefängnissbeamter, event. des Vertheidigers und des Geistlichen, 12 Gemeinde-Vertreter oder -Mitglieder)

Freiheitsstrafvollstreckung: Ladung, Haftbefehl, Steckbrief, Strafantritt, Strafaussetzung Strafvollzug. Strafanstalten.

Vorläufige Entlassung, bedingte Verurtheilung und Strafvollstreckung.
Vermögensstrafvollstreckung: Stundung und Theilzahlung.
Strafbeitreibung.
Strafvollstreckung durch Verweisertheilung.
Strafvollstreckung bezgl. der Nebenstrafen: Aberkennung der bürgerl. Ehrenrechte, Stellung unter Polizeiaufsicht (Wirkungen), Ueberweisung an die Landespolizeibehörde.

Kosten des Verfahrens.

Gebühren und Auslagen. Kostenpflichtig der Verurtheilte, u. U. bei ausfallender Verurtheilung oder im Unterliegungsfalle der Anzeigende, der Antragsteller, der Beschwerdeführer, der Privatkläger.

c. Civilprozess.

Begriff und Zweck. Quellen und Geschichte. Römischer, gemeinrechtl. und deutscher Reichs-Civilprozess.
Prozessgerichte: Amts-, Land- (Handels-), Oberlandes- und Reichsgericht. Sachliche, persönliche, örtliche, vereinbarte, besondere Zuständigkeit der Gerichte.
Gerichtsstand (allgemeiner und besonderer).
Ausschliessung und Ablehnung der Gerichtspersonen (Richter und Gerichtsschreiber).
Parteien, Vertreter und Beistände.
Streitgenossen und Drittbetheiligte.
Kosten, Sicherheitsleistung, Armenrecht.
Ladung, Zustellung, Verhandlung. Fristen und Termine.
Unterbrechung und Aussetzung des Verfahrens.
Beweisaufnahme: Augenschein, Zeugen und Sachverständige, Urkunden, Eid; Beweisführung.
Vorbereitendes Verfahren bei Auseinandersetzungen.
Endurtheil, Zwischenurtheil, Versäumnissurtheil.
Rechtsmittel, ordentl.: Beschwerde, Berufung, Revision; ausserordentl.: Wiedereinsetzung in den vorigen Stand und Wiederaufnahme des Verfahrens.
Besondere Verfahren: Urkunden- und Wechselprozess; Ehe- und Entmündigungssachen; Mahnverfahren; schiedsrichterl. Verfahren.
Zwangsvollstreckung:
in das bewegl. Vermögen: in körperl. Sachen, in Forderungen und andere Vermögensrechte;
in das unbewegl. Vermögen;
behufs Herausgabe von Sachen und betr. Handlungen oder Unterlassungen (event. Geldstrafe bis 1500 Mk. oder Haftstrafe bis 6 Monate).
Vertheilungsverfahren.
Offenbarungseid und Haft.
Arrest und nichtweilige Verfügungen.
Aufgebotsverfahren.

Konkursordnung.

Allgemeines. Erfüllung und Anfechtung der Rechtsgeschäfte.
Aussonderung, Absonderung, Aufrechnung. Masse, Masseverwalter und Konkursgläubiger.
Eröffnung des Verfahrens. Theilungsmasse. Schuldenmasse. Vertheilung.
Zwangsvergleich, Einstellung und Beendigung des Verfahrens.
Strafbestimmung (s. Bankrutt im Strafrecht).

II. Das Recht von Staat und Kirche (Kirchenrecht).

Begriffsbestimmung und Eintheilung. Quellen und Geschichte.
Allgemeine Grundsätze.

I. Oeffentliches (Staats-) Kirchenrecht. Aeusseres (jus circa Sacra) und Inneres (jus Sacrorum).

a. Aeusseres: Anerkannte, genehmigte und geduldete Religionsgesellschaften, ihre Rechte und Pflichten nach Innen und Aussen. — Oberaufsicht des Staats: Jus inspiciendi, Placet regium († 1. 1. 1841); jus advocatiae· staatl. Schutz- und Trutzrecht und -Pflicht.

b. Inneres: Kirchenverfassungsrecht. Röm.-kathol.: Papal- und Episkopalsystem Evang. Konsistorial-Verfassung (Monarch: summus episcopus) Episkopal-, Territorial-, Collegial-System für spiritualia (sacra interna), Ober-Kirchenrath, Konsistorien, Superintendenturen. (Bischof nur Titel); für temporalia (sacra externa: Kultusministerium, Bezirks-Regierung, Landrath Synodal- und Presbyterial-Verfassung in Amerika, Frankreich, England, Holland und in der Schweiz. Kirchen, Gemeinde- und Synodal-Ordnung in Preussen, Gemeinde-Kirchenvertretung und Kirchenrath.

2. Privat-Kirchenrecht.

Kirchl. Personen, ihre Rechte und Pflichten. Kathol.: status communis jeder getaufte Katholik; status clericalis (regularis)-ordin. Geistl.; evang: Kirchengemeinschaft durch Konfirmation, Geistlicher nur Diener am göttl. Wort. — Domstifte und Kapitel. Klöster und Orden.

Kirchenpflicht, Austritt aus der Landeskirche. Kirchensachen: Kirchen- und Pfarrvermögen. Kirchengebäude· Aerar, Patron, Gemeinde, (Kirchenbaulast), Kirchenpfründe, Kirchhof, Parochie, Abgaben (Steuer und Zehnten).

Das Patronat: Entstehung und Beendigung Rechte und Pflichten.

Taufe, Trauung, Begräbniss, rechtliche Bedeutung einst und jetzt. (R.-Ges. v. 6. Febr. 75, Preuss. Ges. v. 9. März 74.)

III. Das Völkerrecht — auswärtiges Staatsrecht.

Allgemeines. Begriff Quellen und geschichtl. Entwickelung.

Völkerrecht im Frieden.

Rechtsverhältnisse der Staaten und ihrer Angehörigen gegen einander Rechte und Pflichten des Inländers im Auslande und des Ausländers im Inlande

Staatsoberhaupt und Staatsgebiet im öffentlichen und Privatrecht. Territorialprinzip.

Das internationale Privat- und öffentl Recht. Fremden- und Gastrecht. Freiheit zur See und auf Grenzflüssen

Vertragsrecht und Autonomie Völkerrechtl. Verträge: Begriff, Eintheilung und Arten, Voraussetzung, Abschluss und Aufhebung mit oder ohne Kündigung. Ratifikation und Publikation. Internationale Reciprocität.

Vermittelungs- und Nichtinterventionsprinzip.

Diplomatische Vertretung und Verhandlungen Botschafter, Gesandter, Legat, Nuntius, Ministerresident, Konsul (General-, Vice-Konsul), Geschäftsträger, Parlamentär.

Völkerrecht im Kriege.

Geschichte. Abbruch der diplomatischen Beziehungen. Kriegserklärung. Eröffnung der Feindseligkeiten Feindesland und Kriegsfeld. Feindliche Personen und Sachen. Rechte und Pflichten (objektiv und subjektiv) Immunität und Neutralität. Blokade. Kontrebande Parlamentär Waffenstillstand Friedenspräliminarien und -Schluss.

Druck von Bernhard Paul, Wilhelmstrasse 22a.

Kolibri 360 GmbH
Ferdinand-Jühlke-Straße 7
99095 Erfurt, Deutschland
produktsicherheit@kolibri360.de